La Fórmula

Primera Edición

Una guía práctica para lograr tus sueños utilizando el poder de la Ley de Atracción.

Mike Igartúa

Mike Igartúa Coaching ~ México

Este libro es un trabajo de investigación, teorías, conclusiones y experiencias del autor y tiene la finalidad de compartir dichos conceptos, mas no representa una garantía ni promesa de resultados ya que eso depende del esfuerzo y acción de cada persona al poner en práctica esta información.

"La Fórmula" por Mike Igartúa.
Primera Edición © 2019 por Mike Igartúa. Todos los derechos reservados.

ISBN: 9781081783174
Self-Help (Auto-Ayuda), General

Primera edición publicada en 2019 por Mike Igartúa Coaching.
PO Box 439056
PMB LAP 109
San Ysidro, CA 92143-9056
©2019 por Mike Igartúa.
Todos los derechos reservados. Se prohíbe la copia total o parcial, almacenamiento en medios digitales extraíbles o transmisión por cualquier medio y, de cualquier forma, electrónico, mecánico, grabación u otro tipo, sin la previa autorización por escrito de Mike Igartúa.

Diseño de portada: Fotografía por Alfredo Mendoza y diseño gráfico por Martha Olver-Archer.

Impreso en Estados Unidos de Norteamérica.

ÍNDICE:

Introducción _____ 4

Conceptos básicos _____ 6

    ¿Cómo funciona la Ley de Atracción? _____ 8
    La Escala de Conciencia _____ 10

Paradigmas y reprogramación _____ 18

    ¿Qué es un paradigma? _____ 18
    Tapping _____ 20
    La importancia de aprender a perdonar y soltar ___ 23
    La importancia de la gratitud genuina _____ 24
    Percepción Inocente _____ 26

Los 5 pasos para aplicar la Ley de Atracción _____ 28

    Tiempos de manifestación _____ 30
    Cómo acelerar el proceso de manifestación _____ 31
    Anclajes _____ 32
    Pasitos de bebé _____ 35
    Los 3 secretos de los millonarios _____ 36

Conclusiones _____ 39

INTRODUCCIÓN:

Nací en Guadalajara México, de Madre norteamericana y Padre mexicano. Estudié la Licenciatura en Administración en Colima, México; así como también una especialidad en Recursos Humanos. Sin embargo, mi pasión es la música y gran parte de mi vida me dediqué a la ingeniería en audio y a la producción, trabajando en estudios de grabación. Fui mánager/productor de la banda "Delasónica" y de un poeta urbano llamado en aquel tiempo "Dondehood" (DonKalavera en la actualidad).

Al igual que muchos, en algún momento me encontré sumergido en los problemas y quehaceres cotidianos de la vida, así como también buscando respuestas sobre su significado, mi misión y la existencia misma.

En el año 2008, gracias a mi hermano vi por primera vez la película "El Secreto" y se desdobló frente a mí una percepción nueva llena de posibilidades. Al poco tiempo, tuve la fortuna de asistir a una plática con un representante de Bob Proctor (uno de los protagonistas en la película "El Secreto") donde me di cuenta de que la película era sólo la punta del iceberg. No porque quisieran ocultar algunas cosas, sino porque 90 minutos no es suficiente para cubrir todos los secretos que se conocen de la vida hasta hoy en día. Eso, me inspiró a comenzar una aventura de investigación y estudios con diversos expertos y filósofos. En un corto tiempo, mi vida dio un giro de 180 grados, las bendiciones han sido innumerables y profesionalmente me certifiqué como Coach en Realización Personal.

Mucho del material estudiado no está disponible en Castellano por lo que me di la tarea de traducir y compartir a través de algunos videos en YouTube temas que, desde mi opinión, son de mucha importancia y además pude comprobar en persona que funcionan. Jamás imaginé que el primer video que subí sobre la Ley de Atracción rebasaría el millón de reproducciones, la razón obedece a que trato de simplificar los conceptos y explicarlos de una manera más entendible.

Quisiera poder decir que desde que conocí la Ley de Atracción no he vuelto la vista atrás, pero la verdad es que ha sido un camino difícil y una lucha constante con mi programación y creencias limitantes arraigadas en mi subconsciente que a menudo me jalaban a mis hábitos de comportamiento que no me daban los resultados deseados. Tuve que revisar todo lo aprendido y trabajar en mi programación en diversas ocasiones para poder retomar el camino hacia la vida que deseo.

Hoy en día puedo decir que utilizo la Ley de Atracción de una manera efectiva para la solución de problemas y por supuesto para atraer las experiencias deseadas.

En este libro comparto mi curva de aprendizaje que me llevó a una fórmula comprobada por mí y por miles de mis suscriptores.

CONCEPTOS BÁSICOS:

Necesarios como base para aplicar La Fórmula de una manera efectiva.

¿Qué somos en realidad? Tanto en la escuela, como en casa y en el mundo en general nos han dicho que somos seres físicos, individuos de carne y hueso. Es verdad, sin embargo, lo hemos asociado a la inversa. No eres un cuerpo con alma, eres un alma con cuerpo. Somos seres espirituales viviendo una experiencia humana temporal. Más profundo aún, somos diferentes manifestaciones del mismo ser, experimentándose a través de otros ojos y sentidos. Todos somos uno, parte de todo y a la vez espejos de los demás. Algunos más conscientes que otros, pero el mismo a final de cuentas. A esto en inglés se le conoce como *"oneness"*. Algo que debes tener presente en tu camino por la vida. Si todos entendiéramos esto, dejaríamos de pelear entre nosotros y las guerras serían cosa del pasado. Viviríamos en unidad.

Comprender esto implica ser más empáticos hacia toda vida. Es decir, ponerte en la posición del otro y evitar su sufrimiento. Esto implica ser más proactivo para lograr el bienestar de todos, por ejemplo, cambiar tu alimentación y buscar hacerlo con procesos donde los animales sacrificados no sufren. También implica celebrar las alegrías de los demás, aunque no haya salido victorioso tu equipo de fútbol, por ejemplo, pero sientes la alegría de los que le van al equipo contrario. Porque de alguna manera eres tú también. Todos estamos conectados.

¿Pero qué hay más allá de lo físico? ¿Más allá de las células?

La ciencia nos dice que dentro del átomo se encuentran las partículas más pequeñas, ¡pero no nos dicen que no son sólidas! Con el descubrimiento del átomo se creía que su núcleo era sólido, ahora se sabe que no es más que energía, así como las demás partículas que lo componen. Y el espacio que existe entre un átomo y otro, es mayor que el tamaño del átomo en sí. ¿Qué hay en ese espacio? Energía. Todo, es energía.

Tampoco en la escuela cuando nos enseñan sobre los átomos nos lo ponen en perspectiva, quizá porque a esos maestros no se les enseñó tampoco, ya que más que aclarar lo que compone la materia, generaría más dudas. Te lo pondré en perspectiva y muy probablemente quedarás anonadado(a) como yo cuando lo aprendí...

Si amplificáramos el tamaño del núcleo de un átomo al tamaño de una manzana, el tamaño de un electrón sería equivalente al de un grano de sal, pero eso no es lo más sorprendente, lo que te para los pelos de punta es saber que ese electrón del tamaño de un grano de sal ¡estaría a 9 kilómetros de la manzana! Leíste bien, NUEVE KILÓMETROS. ¿Dónde está lo sólido? No hay. ¿Qué hay en esos 9 kilómetros? Energía.

Además, que los electrones, protones y neutrones no giran alrededor del núcleo como un pequeño sistema solar como suelen representar al átomo. Su flujo es más toroidal.

Más allá de los átomos sólo hay energía, frecuencias y vibración. La energía genera vibraciones las cuales tienen una frecuencia medible en Hertz. Nuestro cerebro que hace la función de un conmutador electrónico está interpretando esas frecuencias en imágenes, sonidos y experiencias que nosotros podemos asimilar. Es decir, nos está proyectando una película tridimensional muy realista para nuestros sentidos pero que en verdad sólo está dentro de nuestra mente y de la mente colectiva. Muy similar a un juego de realidad virtual. Tal como lo dice el principio del mentalismo, todo está en la mente.

Albert Einstein dijo: "Hemos estado completamente equivocados. A lo que le llamamos materia es sólo energía, cuya vibración ha sido reducida a un nivel perceptible por nuestros sentidos". Lo cual también nos dice que hay frecuencias que son demasiado bajas o demasiado altas para ser percibidas por nuestros sentidos.

Así como los perros escuchan frecuencias que los seres humanos no, lo mismo sucede con la luz visible. No podemos ver los Rayos Gama o los Rayos X, por ejemplo, mas no significa que no existen.

¿Y cómo funciona la Ley de Atracción?

Básicamente igual atrae a igual. Todo, absolutamente todo es energía y todo tiene una frecuencia. Desde todo lo que percibimos como físico hasta lo intangible como los pensamientos. Y nosotros atraemos como un imán energía cuya frecuencia está en armonía con nuestra vibración, estas vibraciones son interpretadas por nuestra mente en experiencias.

Es por ello que, cuando nos despertamos de mal humor, se desencadena una serie de experiencias desagradables como golpearse un dedo del pie con la base de la cama, llegar tarde al trabajo debido a algo inesperado en el camino y entrar en una discusión polémica con los compañeros del trabajo. Llegando a casa pensamos "caray, hoy tuve un mal día". Estabas vibrando bajo.

De la misma manera, cuando nos levantamos emocionados y en un estado de "alta vibración", nos suceden cosas grandiosas durante el día y llegamos a casa pensando "¡hoy fue un gran día!".

Funciona en positivo y en negativo. No es el Universo castigándote, simplemente recibes lo que das a nivel energético. Tus acciones también tienen una frecuencia.

Pero adentrémonos más en el tema de la vibración y cómo podemos utilizar este conocimiento a nuestro favor.

En los años 90s el doctor David R. Hawkins realizó una serie de experimentos con el apoyo de la Universidad de Arizona donde desarrolló la "Escala de Conciencia". Estos estudios los explica en su libro "Power Vs. Force".

El doctor Hawkins utilizó una técnica basada en la Kinesiología y la respuesta muscular a estímulos físicos y mentales. Demostró que, aunque a nivel consciente podemos no conocer la respuesta a la veracidad de una pregunta, nuestros músculos conocen la respuesta. Contrayéndose ante una verdad y relajándose ante una falsedad. Demostrando nuestra conexión en todo momento a nivel subconsciente con la Fuente de todo conocimiento y con el todo. Es una reacción de los músculos quizá muy sutil para percatarnos de ello en la vida diaria, pero medible con tecnología o con algunas técnicas.

Usando grupos de 100 personas, a través de preguntas de falso o verdadero midiendo la reacción muscular de cada participante, pudo deducir la frecuencia vibratoria en Hertz de distintos estados de ánimo, emociones, eventos históricos y hasta de personajes históricos. Todos los voluntarios del experimento coincidieron al cien por ciento en las mismas respuestas a nivel muscular. Es decir, no respondían por sí mismos con palabras, sino que sus músculos daban las respuestas.

Esta es la Escala de Conciencia elaborada por el doctor David R. Hawkins:

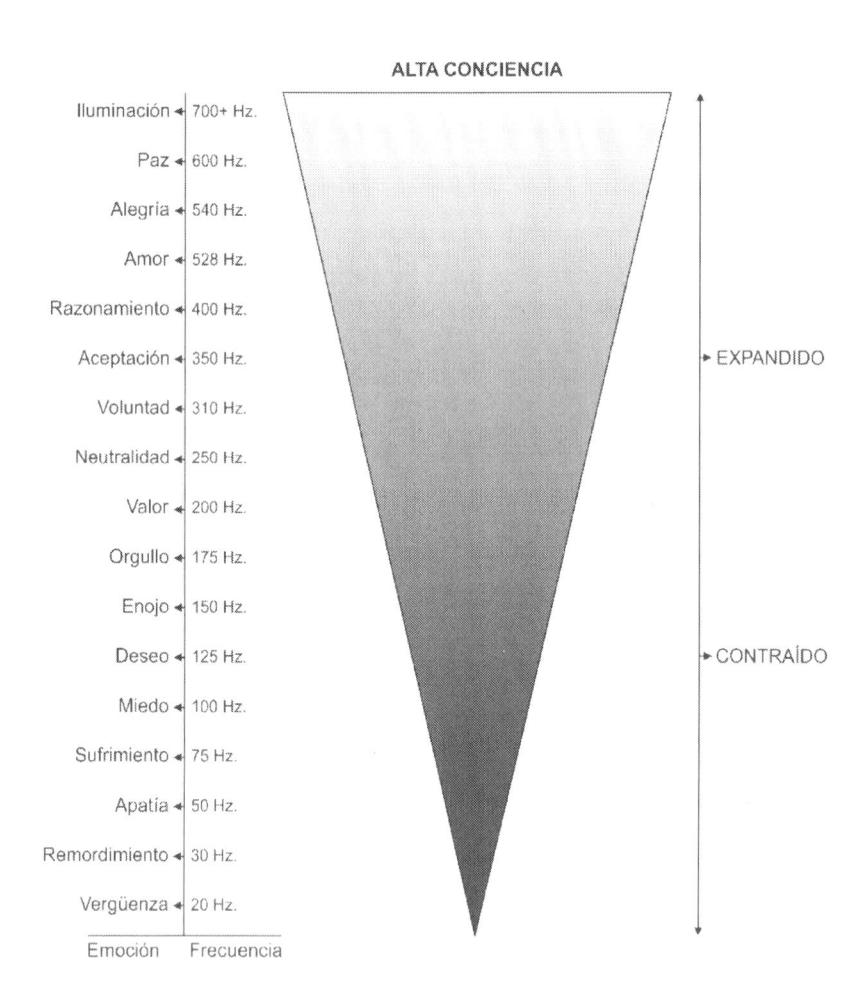

Emoción	Frecuencia
Iluminación	700+ Hz.
Paz	600 Hz.
Alegría	540 Hz.
Amor	528 Hz.
Razonamiento	400 Hz.
Aceptación	350 Hz.
Voluntad	310 Hz.
Neutralidad	250 Hz.
Valor	200 Hz.
Orgullo	175 Hz.
Enojo	150 Hz.
Deseo	125 Hz.
Miedo	100 Hz.
Sufrimiento	75 Hz.
Apatía	50 Hz.
Remordimiento	30 Hz.
Vergüenza	20 Hz.

ALTA CONCIENCIA — EXPANDIDO / CONTRAÍDO

Los números representan la frecuencia en Hertz y como podemos observar, a menor vibración el nivel de conciencia es más estrecho y se expande conforme elevamos nuestra vibración. Quizá por ello cuando una persona es muy negativa decimos que es muy "cerrada".

El significado y la importancia de conceptos y sucesos varían para cada individuo según su nivel de conciencia. Una persona vibrando por debajo de los 200 Hertz puede percibir una situación como desagradable mientras que otra persona vibrando por arriba de los 200 Hertz puede percibir la misma situación como ideal o viceversa.

¿Cuál es la importancia de esto? Que nosotros entramos en contacto con personas, situaciones, circunstancias, experiencias, etc. que están en armonía con nuestra frecuencia. Nuestra frecuencia es un promedio de la frecuencia vibratoria de nuestros pensamientos, sentimientos, palabras y acciones (entre otros factores). Aunque lo que más influye en nuestra vibración y por lo tanto frecuencia son nuestros sentimientos. Esto es clave.

Como piensas… sientes, como sientes… vibras y como vibras atraes. Haciendo no sólo importante la calidad de nuestros pensamientos y de pensar positivo, sino también de cómo nos SENTIMOS.

También hay que entender que la Ley de Atracción no es sólo una técnica que aplicas sólo cuando deseas atraer algo específico a tu realidad, sino que está trabajando las 24 horas del día los 365 días del año. Nunca para. Lo que sucede es que estamos atrayendo nuestras experiencias básicamente en piloto automático.

Sin embargo, por supuesto que puedes aplicar estos principios de manera consciente y tener cierto control sobre tus experiencias o inclusive, atraer a tu vida algo en específico y de eso se trata este libro. Entender cómo podemos aprovechar la Ley de Atracción para el logro de metas más específicas y a la vez, mejorar nuestra calidad de vida en general elevando nuestra vibración para atraer experiencias más positivas en nuestro día a día.

¿Cómo elevar la conciencia? De acuerdo al Dr. Hawkins: Elegir perdonar en vez de condenar, comprender en vez de juzgar, ser compasivo hacia toda vida, y si realmente eres compasivo hacia toda vida, un día de pronto entenderás lo sagrada que es la vida.

Para alguien vibrando por debajo de los 200 Hertz, ésto podrá no tener ningún sentido, mientras que para alguien vibrando alrededor de los 400 Hertz lo sagrado de la vida sería sólo un concepto y para alguien vibrando de los 500 Hertz en adelante, ver lo sagrada que es la vida sería radiantemente obvio.

¿Cómo sabrás cuando has elevado tu nivel de conciencia y por lo tanto tu vibración? Sientes más compasión, evitas chismes, dejas de criticar y ya no te causan gracia situaciones donde algún ser sale lastimado y es que tendemos a hacer bromas en redes sociales hasta de catástrofes. Notarás que tus gustos cambian en diversas áreas y quizá hasta cambies de ambiente social y te hagas de nuevas amistades, pues sientes que ya no encajas con las anteriores, no desde el juicio de que ellos vibran más bajo, sino del deseo de convivir con personas que armonizan con tu nueva forma de pensar y sentir.

"La simple amabilidad hacia uno mismo y todo aquello que está vivo es la fuerza transformadora más poderosa de todas". – Dr. David R. Hawkins.

Antes de continuar con la técnica paso a paso de cómo aplicar la Ley de Atracción de una manera efectiva, debemos conocer que existen tres tipos de creación. La creación Divina de todo lo que existe en el Universo, la creación individual a través de nuestros pensamientos y vibración y… la creación colectiva. La cual es la conciencia colectiva, es decir, la suma de todos nuestros pensamientos y vibraciones. Todos somos co-creadores junto con el Universo.

A menudo vemos marchas o manifestaciones luchando por alguna causa que usan títulos como "Día Mundial del Cáncer".

Lo cual tiene el efecto contrario al deseado. Si queremos erradicar el cáncer, no debemos energizarlo con la suma de nuestros pensamientos. Debemos cambiar el foco, como por ejemplo "Día Mundial de la Salud y Bienestar".

En lo que enfocas tu energía de pensamiento se expande en su expresión física y su parte opuesta se contrae. Es decir, si lo crees, lo creas. Y la creación se origina a nivel pensamiento, es decir, en lo que estás pensando independientemente si lo deseas o no.

La Madre Teresa de Calcuta entendía esto. Ella dijo "no me inviten a una marcha antiguerra, invítenme a una marcha por la paz".

En 1972, 24 ciudades de los Estados Unidos de Norteamérica fueron utilizadas para llevar a cabo un experimento donde se capacitó a personas en generar el sentimiento de paz de una manera muy específica y fueron colocadas estratégicamente en estas ciudades. Cada ciudad tenía una población mayor a los diez mil habitantes y lo que sucedió fue que en los tiempos en que esas personas estaban generando los sentimientos de paz, en su comunidad y alrededores se registró una disminución medible en los niveles de crimen y violencia, también disminuyeron los accidentes de tránsito. En algunas ciudades como Chicago donde hay intercambio de valores, la bolsa subió mientras el foco era la paz. Cuando cesaron sus meditaciones, todas esas estadísticas retrocedían. Repitieron las meditaciones una y otra vez a tal grado, que el efecto pudo ser medido y aplicado en un experimento aún mayor que fue documentado en el "*Journal of Conflict Resolution*" en 1988 con el nombre de "*The International Peace Project in the Middle East*", durante la guerra entre Israel y el Líbano a principios de los 80s. Como resultado de los estudios antes mencionados, las personas que habían sido capacitadas para generar los sentimientos de paz fueron colocadas a lo largo de las zonas devastadas por la guerra en Israel y el Líbano y durante lo que los investigadores llamaron la "ventada de oración" en que estas personas generaban los sentimientos de paz, las actividades terroristas disminuían a cero. Los crímenes hacia personas disminuyeron, así como las emergencias médicas. Y realizaron estas meditaciones a distintas horas del día y en distintos días de la semana para descartar que era sólo coincidencia.

Lo que concluyeron al finalizar los estudios es que, cuando cierto número de personas generan el sentimiento de paz en sus cuerpos en un sitio, el efecto se ve reflejado en la comunidad, más allá de su ubicación. Es por esto que las cadenas de oración funcionan. Y es tan preciso, que ahora se conoce el número mínimo de personas necesarias para detonar este efecto. La fórmula es la raíz cuadrada del uno por ciento del total de habitantes de una población. Si por ejemplo tenemos una ciudad con un millón de habitantes, tomas el uno por ciento de un millón, es decir diez mil y sacas la raíz cuadrada. O sea que, 100 personas meditando u orando, es el mínimo para iniciar el efecto en una población de un millón de personas. Obviamente a mayor número de participantes, más grande el efecto.

Otro ejemplo de la creación colectiva a través de nuestros pensamientos es el Terremoto de la ciudad de México que sucedió el 19 de septiembre del 2017. Puesto que cada año se hacen simulacros en esa fecha en conmemoración del devastador terremoto del 19 de septiembre de 1985 y además es el tema principal en los medios de comunicación. Ponen a millones de personas a recordar el terremoto y no es casualidad que se repitió el suceso en esa misma fecha.

Un ejemplo más de la creación colectiva fue la trágica pérdida del submarino Ara San Juan en las costas de Argentina el 15 de noviembre del 2017. La extensa búsqueda del submarino no había dado con su paradero hasta un año después, exactamente en el aniversario de su desaparición, ya que en esos días el aniversario era el tema principal entre los

Argentinos y los medios de comunicación, haciendo ese el foco de los pensamientos colectivos del país.

¿Los que controlan los medios de comunicación conocen los efectos de poner a millones de personas a pensar en algo? Por supuesto. Entonces, ¿por qué nos bombardean de negatividad? No entraré en teorías de conspiración sobre la agenda de quienes controlan los medios y por qué nos bombardean con tanta negatividad. Comentarlo, sería energizarlo al poner los lectores de este libro a pensar en ello. Pero sí te aconsejaré que evites hasta cierto punto los medios de comunicación masiva controlados de las grandes cadenas televisoras. Estar informado no es malo, pero hay muchísimas cosas maravillosas sucediendo en el mundo también. No te dejes bombardear de negatividad y noticias que en algunos casos (no siempre) son falsas o están manipuladas. No seas adicto a las pantallas, no creas todo lo que proyectan, investiga, procura interactuar a menudo con la naturaleza y enfócate en la vida que realmente deseas. Vibra en la frecuencia de lo que sí deseas. Elije experiencias que suman a tu vibración. No vivas con miedo. Es más, deja ir todo miedo.

El inmenso mar no puede hundir a una pequeña embarcación al menos que el agua se filtre en ella, de la misma manera, toda la negatividad del mundo no te puede quebrantar al menos que la dejes entrar. Tú eres responsable de lo que siembras en tu mente, de los pensamientos que te permites tener y de la información que aceptas recibir. Cuida tu mente, tu calidad de vida obedece la calidad de tus pensamientos y seamos responsables con la humanidad y las demás especies, conscientes de que la suma de nuestros pensamientos tendrá un efecto comunitario en el mundo y el Universo.

¿Cómo puedes aportar tu granito de arena? A través de la historia se nos ha vendido la falsa creencia que para lograr grandes cambios siempre es necesario luchar. Miles de guerras han cobrado millones de vidas cuando la solución es tan simple y no requiere inversionistas económicos. Basta con que miles de personas se unan en meditación imaginando un mundo de paz, amor, armonía, bienestar, salud y abundancia y haremos de eso nuestra realidad. Ya existen estos grupos de meditación a nivel mundial y lo único que tienes que hacer para unirte es programar una alarma en tu teléfono móvil para todos los domingos a las 12pm horario de la Ciudad de México.

En ese día y hora, siéntate en un lugar tranquilo, cierra los ojos, imagina que estás conectado a la fuente con una luz blanca que pasa por tu cuerpo desde lo alto hasta el centro del planeta y comienza a visualizar, pero más importante aún, SIENTE que el mundo es como realmente lo deseamos. Imagina a cargo de los países gobernantes honestos que realmente buscan el bienestar de la humanidad y las demás especies, imagina que la energía que usamos para subsistir es sustentable, ecológica y gratuita, que la industria farmacéutica y de la salud realmente busca sanar y los medicamentos y tratamientos están al alcance de quienes los necesitan. Siéntete sumergido en un estado de amor y alta vibración. ¡Estarás co-creando junto con miles de personas un mundo mejor!

Y cuando el panorama no sea el deseado, no te dejes arrastrar por sentimientos de baja vibración. Recuerda que vibrar alto siempre será un excelente escudo en cualquier situación. El expresidente Estadounidense Franklin D. Roosevelt dijo "No hay nada a que temerle, más que al miedo en sí". El miedo es precisamente lo que te pone en la frecuencia vibratoria de atraer aquello que temes.

PARADIGMAS Y REPROGRAMACIÓN:

Construyendo los cimientos para la vida de tus sueños.

Brincarte a los pasos de cómo aplicar la Ley de Atracción te será inútil si no estás dispuesto a hacer un poco de limpieza interior antes. Tú decides si tomas el toro por los cuernos para quitarlo de tu camino de una vez por todas o si prefieres encontrártelo cada vez que estás a punto de ver resultados, una y otra vez, haciendo el proceso de manifestación mucho más tardado. "Si quieres cambiar el mundo, inicia desde adentro".

Si no te gusta la película de tu vida, de nada te servirá aventarle las palomitas de maíz y la soda a la pantalla, ni siquiera pararte a destrozar la pantalla en tiras, eso no cambiará la película ya que esta viene del proyector, y el proyector está dentro de tí. Es necesario trabajar primero en el interior si quieres ver resultados favorables en el exterior.

¿Qué es un paradigma?

Son creencias limitantes pasadas de generación en generación que no tienen fundamentos.

Las investigaciones de G.R. Stephenson en 1967 con primates demostró que, al enseñar a los monos a no hacer ciertas cosas usando el castigo como estímulo de aprendizaje, hacía que los mismos monos evitaran que nuevos miembros en la jaula hicieran dichas acciones ya que el castigo sería para todos. Al paso del tiempo, en la jaula sólo quedaban monos que no conocían el castigo ya que los miembros originales no les permitieron hacer acciones que generarían el castigo, sin embargo, estos monos de igual manera impedían dichos comportamientos en nuevos miembros de la jaula aún sin haber conocido el castigo. Ciertos comportamientos no eran permitidos y sin conocer el por qué, seguían imponiendo las reglas de una generación a otra. De la misma manera se transmiten los paradigmas.

Al nacer, aún no se desarrolla la mente consciente. Se viene formando como a los 3 o 4 años de edad. En ese tiempo, toda la programación que recibimos es directa al subconsciente. Los niños pequeños andan en un estado mental prácticamente Alfa donde absorben como esponjas la información y programación que los rodea.

A menudo, los padres discuten delante de un bebé pensando que aún no entiende, pero en ese momento lo están programando con sus creencias. Y esas creencias quedan arraigadas en el subconsciente, manifestándose en resultados acorde con esas creencias una y otra vez durante la vida de la persona.

Si se te dificulta ganar dinero, es posible que tienes una creencia a nivel subconsciente de que no mereces tener dinero, o de que tener dinero es malo, o de que es difícil conseguirlo. Si se te dificulta encontrar una pareja, es posible que tienes una creencia a nivel subconsciente de que no eres digno de ser amado. Y hasta que no trabajes en reprogramar esas creencias, que por algún suceso en tu vida las tomaste como verdades, seguirán saboteando tus resultados.

Si no trabajas en tu reprogramación, los pasos de cómo aplicar la Ley de Atracción sólo te darán resultados temporales y tus resultados habituales se manifestarán de nuevo al poco tiempo.

No solo adoptamos las creencias y los valores de quienes nos criaron y nos rodearon en la infancia, sino que, a lo largo de nuestra vida, seguimos adoptando patrones y creencias de la sociedad. Esto incluye creencias limitantes como, por ejemplo: "El dinero no crece en árboles", "los bienes son para remediar los males", "es difícil ganar dinero", "la vida es dura y difícil". A través de la repetición constante, las aceptamos como verdades y tienen una gran influencia en nuestros resultados.

Tapping:

Una herramienta maravillosa para reprogramar los miedos y las creencias limitantes es conocida como "Tapping".

Tengo un video en YouTube titulado "Cómo eliminar bloqueos de abundancia. Parte 1 – Tapping" que explica esta técnica paso a paso.

El Tapping, es una combinación de la medicina tradicional China y la psicología moderna. El Dr. Roger Callahan, siendo psicólogo y un aficionado de la acupuntura, fue pionero en golpear con la yema de los dedos en los puntos meridianos del cuerpo utilizados en la acupuntura en vez del uso de agujas, liberando así, energía estancada en esos puntos para mejorar el flujo energético. Tras varios experimentos, pudo demostrar que funciona igual y en algunos casos mejor que el uso de agujas.

El uso de la yema de los dedos dando pequeños golpecitos (tapping) en vez de agujas, lo hace un método seguro para practicar en casa.

Este método consiste en:

1. Utilizar tu intuición para calificar qué tan cierto es en una escala del 1 al 10 una frase. Por ejemplo: "Es muy difícil ganar dinero". En el pecho puedes sentir qué tan cierto es para ti del 1 al 10.

2. Con las yemas de 4 dedos (del índice al meñique) das ligeros golpecitos a un lado de la palma de la mano opuesta. En la zona que los Karatekas utilizan para quebrar tablas o ladrillos, repitiendo al menos 3 veces "a pesar de que, creo que es muy difícil ganar dinero, me acepto y me amo completa y profundamente" (uso como ejemplo la frase anterior, pero puedes adaptarlo a cualquier miedo o creencia limitante).

Con un par de yemas de los dedos, das ligeros golpecitos repitiendo frases similares, por ejemplo: "me es difícil ganar dinero", o "nunca tengo suficiente dinero", etc. con la siguiente secuencia: En la frente entre las dos cejas, a un lado de un ojo, en el pómulo debajo de un ojo, debajo de la nariz, arriba de la barbilla, debajo de la clavícula con 4 yemas, debajo de la axila con 4 yemas y en la corona (parte superior de la cabeza) con 4 yemas.

3. Respiras profundo y vuelves a calificar con tu intuición y verás que esa calificación ha disminuido.

Luego, debes repetir el proceso completo en positivo. Es como vaciar un garrafón de agua sucia para llenarlo de agua limpia. Iniciando por ejemplo con: "Estoy muy feliz y agradecido(a) que me es muy fácil ganar dinero". Luego continúas la secuencia con pequeñas frases como, por ejemplo: "Es fácil ganar dinero", "siempre tengo más que suficiente dinero", "siempre me sobra dinero", etc. Al final respiras profundo y vuelves a calificar.

Estarás reemplazando una creencia anterior con una nueva creencia a nivel subconsciente.

Reprogramando con "Tapping".

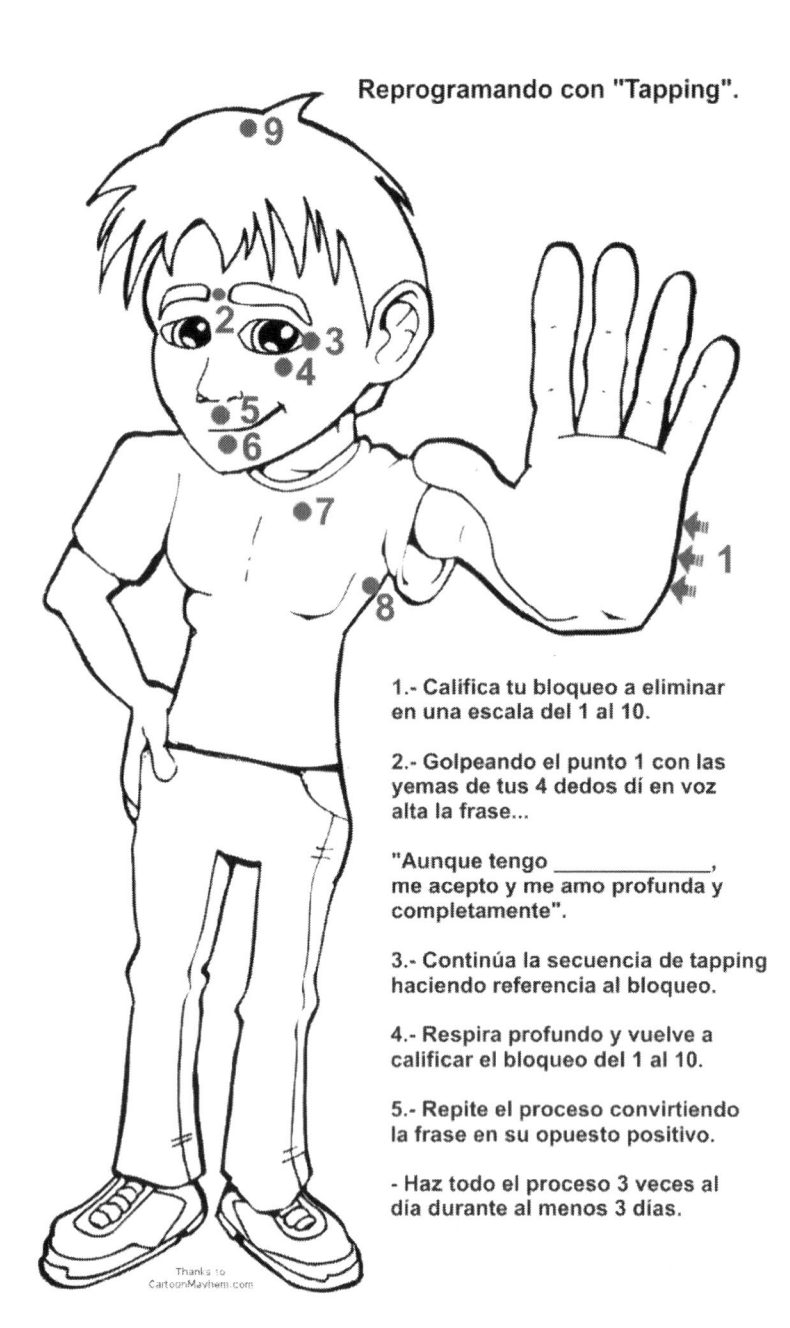

1.- Califica tu bloqueo a eliminar en una escala del 1 al 10.

2.- Golpeando el punto 1 con las yemas de tus 4 dedos dí en voz alta la frase...

"Aunque tengo _____, me acepto y me amo profunda y completamente".

3.- Continúa la secuencia de tapping haciendo referencia al bloqueo.

4.- Respira profundo y vuelve a calificar el bloqueo del 1 al 10.

5.- Repite el proceso convirtiendo la frase en su opuesto positivo.

- Haz todo el proceso 3 veces al día durante al menos 3 días.

No importa si utilizas el lado izquierdo o derecho de tu cuerpo y se recomienda usar esta técnica al menos 3 veces al día durante 3 días. Si sientes que aún no has erradicado o reemplazado ese miedo o creencia limitante, puedes continuar haciéndolo o inclusive irte más a la raíz. Es decir, preguntarte de dónde proviene ese miedo o creencia limitante y trabajar ese recuerdo o área antes de regresar a trabajar la creencia en sí.

Nuestras creencias a nivel subconsciente controlan nuestros resultados ya que se ven reflejadas en patrones de comportamiento. Por ejemplo, si constantemente te sientes víctima por algún acto de agresión hacia ti en el pasado, adoptarás hábitos que a menudo te pondrán en el papel de víctima. Esto me lleva a hablar de dos piezas fundamentales dentro de la limpieza interna para elevar la vibración y cambiar nuestros resultados: El PERDÓN y la GRATITUD.

La importancia de aprender a perdonar y soltar:

"Guardar rencor es pagar una sentencia por el crimen de otra persona". Es decir, en muchas ocasiones las personas no se dan cuenta del daño que nos han causado, o simplemente no sienten remordimiento por ello y siguen su vida sin darle importancia a lo sucedido, mientras tú, te quedas vibrando en la frecuencia de víctima, guardando rencor y por lo tanto entrando en una espiral donde esa vibración te atraerá nuevos sucesos similares, pagando tú la sentencia de ese suceso.

Claro, toda acción también tiene una frecuencia y si es una acción mal intencionada, la Ley de Causa y Efecto tarde o temprano le cobrará la factura a esa persona, pero no tienes tú por qué dejar que lo sucedido afecte tu vibración y por lo tanto lo que atraes. Guardar rencor es como beber veneno esperando que la otra persona se intoxique.

Cuando no perdonas, te vas sumergiendo en sentimientos de baja vibración como el odio, el cólera (enojo), el resentimiento y el miedo, que se convierten en obstáculos que no nos permiten avanzar. Además, producen toxinas emocionales que con el tiempo se manifiestan en enfermedades.

Se eliminan estos obstáculos extendiendo puentes del perdón.

Pero debes recordar que perdonar es reconocer que la otra persona puede seguir igual o peor. Hazlo por ti, no por esperar una reacción favorable de la otra persona.

En una ocasión, en una reunión me estaba quejando desde el punto de vista de víctima de un amigo que yo sentía que no estaba siendo equitativo en un negocio que estábamos haciendo. Un buen amigo (el baterista de Delasónica) en ese momento me dijo: "Mike, las personas no actúan en tu contra, sino en su propio beneficio".

Me cambió la perspectiva, fue algo que se me quedó muy grabado pues es muy cierto. Muchas veces vemos los actos que no nos favorecen como agresiones y en muchas ocasiones esos actos no son mal intencionados. Quizá, sí exista un poco de egoísmo en la contraparte, pero no necesariamente con la intención de perjudicarnos, sino desde el punto de vista de la supervivencia.

Aprendiendo a ver estas situaciones desde la perspectiva de la otra persona y lo que le conviene, entendiendo que no están actuando deliberadamente en nuestra contra, sino en su propio beneficio, te ayudará a perdonar y a no guardar rencor.

La importancia de la gratitud genuina:

La gratitud te abre las puertas a recibir más. Cuando agradeces, estás declarando lo que es verdad para ti, es decir, el haber recibido, lo que te pone en la frecuencia de recibir más.

Cuando te enfocas en lo que no tienes, estás cerrando las puertas a la abundancia.

Tal como lo explica Neale Donald Walsch (autor de la trilogía Conversaciones con Dios) en su plática "Dios dice sí": No puedes tener lo que deseas. Porque cuando deseas algo, estás expresando que no lo tienes, de lo contrario, no lo estarías deseando y haces el carecer de eso tu realidad.

Y al decir que tenemos libre albedrío, significa que el Universo sólo tiene una respuesta a todo pensamiento y esa respuesta es "sí". Esto es una pepita de oro para aquellos(as) que logran comprenderlo. El Universo sólo dice sí y esto puede ser un arma de dos filos para quienes no conocen el sistema o inclusive que existe un sistema.

Por ejemplo, cuando dices "necesito más dinero", el Universo sólo tiene una respuesta a una afirmación así: "Es correcto, necesitas más dinero". Eso no significa que te llegará. En este ejemplo, irónicamente, tus palabras y ese sentimiento de carencia te están alejando precisamente de aquello a que te quieres acercar.

Y decir que el Universo sólo responde sí, también implica que todo lo que pudieras desear ¡ya te fue concedido! Es sólo que no lo estás experimentando. Para hacer tu sueño realidad, debes adentrarte en el mar de infinitas posibilidades e invocar la realidad que deseas manifestar. Invocas la realidad que deseas experimentar a través de palabra, sentimiento, pensamiento y acción. Es decir, pensar, sentir, hablar y actuar como si YA lo tuvieras.

Lo que debes cuidar aquí es lo que Neale Donald Walsch llama el "pensamiento promotor", es decir, qué es lo que genera ese deseo. Si ese pensamiento proviene desde la carencia, desde una "falta de", esa es la vibración que estás emanando. Por ello debes partir desde la creencia de que ya lo tienes.

"Por eso os digo que todas las cosas por las que oréis y pidáis, creed que ya las habéis recibido, y os serán concedidas" – Jesús en Marcos 11:24.

Cuando agradeces de antemano lo que deseas como si ya lo tuvieras, es como un acuse de recibo. Es partir desde una fe inamovible de que hecho está.

Si logras generar el sentimiento de gratitud de haber recibido algo antes de recibirlo, manifestarás muchas cosas. Y por supuesto, es muy importante mantener un estado de gratitud constante por todo lo recibido, aunque en ocasiones no sea lo que consideramos ideal o no cumple con nuestros deseos enteramente y también por lo que está por llegar.

Percepción Inocente:

Antes de pasar ya a los 5 pasos de cómo aplicar la Ley de Atracción, quiero hablar de un principio llamado "Percepción Inocente" que te puede ayudar a no estropear el proceso de manifestación.

Se trata de "no juzgar". René Mey dijo: "Juzgar es perder la libertad". Cuando juzgas, estás definiendo lo que es verdad para ti. "Con la vara que mides serás medido".

La Percepción Inocente trata de observar al mundo desde el punto de vista de la contemplación, no del juicio. Todo lo que existe simplemente es.

Por ejemplo, cuando caminas por un bosque, no vas juzgando cada árbol diciendo "ese árbol es pequeño, ese otro es grande, este árbol está torcido", etc. Quizá sólo cuando algo en específico salta a tu atención, pero, aun así, el reto es no juzgarlo, sino contemplarlo. Y mayor reto aún es implementar esto en tu vida y rutina diaria. Erradicar el criticar e involucrarse en chismes y cualquier pensamiento, sentimiento o palabra que emite un juicio sobre los demás y lo que te rodea.

Recuerda que, si lo crees, lo creas y con tu juicio estás contribuyendo a reafirmar esa verdad a través de la creación colectiva.

Al compartir esto, no estoy diciendo que es algo que yo domino, se requiere de muchísima práctica y disciplina, sin embargo, en la medida que lo implementes en diversas áreas de tu vida, irás eliminando resistencia, apego y el impulso de querer controlarlo todo. Eliminando muchos obstáculos que te han estado impidiendo manifestar lo que realmente deseas.

<u>LOS 5 PASOS PARA APLICAR LA LEY DE ATRACCIÓN</u>:

1. Define. Debes ser preciso en definir qué es lo que deseas atraer. Si por ejemplo decretas "tengo mucho dinero", una bolsa llena de monedas de 10 centavos es mucho dinero. O si dices "tengo un auto nuevo", Un auto de 2 plazas no te serviría para una familia de 5.

   Debes ser preciso y definir con exactitud lo que deseas, cada detalle. Si es una casa, por ejemplo, ¿de 1 o dos pisos? ¿Cuántas recámaras? ¿Qué color? ¿En la playa, en la montaña o en la ciudad? ¿De madera o de cemento?

2. Visualiza. Debes ser capaz de ver en tu imaginación todas las características definidas.

   Todos los días dedica tiempo en imaginar cómo es tu vida ahora que YA tienes aquello que deseas. Debe ser en presente. Puedes apoyarte en herramientas de visualización como un tablero de visión donde colocas imágenes de todo lo que deseas atraer y cada que lo ves, te imaginas y sientes que ya lo tienes.

   En lo personal, recomiendo visualizar 5 minutos 3 veces al día de ser posible (mañana, medio día y noche). Si tus actividades no te lo permiten, al menos cada mañana al despertar.

3. Genera la Emoción. Este paso es el ingrediente secreto que juega un papel importantísimo en el proceso de manifestación. ¡Genera la emoción que sentirías si YA lo tuvieras!

   Cuando sientes lo que sentirías (valga la redundancia) si tu deseo ya fuera una realidad, estás vibrando en la misma frecuencia de aquello que deseas atraer. Es el combustible que te impulsa a elevar tu vibración a la frecuencia correcta y recuerda que igual atrae a igual.

Un ejemplo que le escuché a mi buen amigo el Coach Ezequiel Maggi de Mar del Plata, Argentina y que creo es una excelente analogía para explicar este punto es: Imagina que en los contactos de tu teléfono móvil tienes un número mágico al que le puedes enviar un mensaje directo al Universo. En el campo para escribir el mensaje puedes definir tu deseo y explayarte todo lo que quieras, sin embargo, si no oprimes el botón "Enviar", el mensaje no se enviará. ¡La emoción es ese botón! Envías tu deseo al Universo y detonas la atracción generando la emoción que sentirías si YA lo tuvieras.

Muchas personas visualizan a menudo tener lo que desean y no entienden por qué no se manifiesta. Están fallando en este punto. Quizá se sienten estresados por el trabajo, las deudas, etc. y no están vibrando en la frecuencia de poder recibirlo. Su vibración no está en armonía con la vida que realmente desean atraer. Si logras dominar este punto, puedes quizá no ser tan disciplinado en los demás puntos y aún así manifestar tus deseos.

4. Agradece. Como lo mencioné anteriormente, la gratitud es como un acuse de recibo. Demuestra fe y abre las puertas a recibir más.

   Agradece que ya te fue concedido. Agradece todos los días que YA lo tienes (aunque aún no sea así). ¡Agradece como si ya lo tuvieras!

   Es importante que mantengas un estado de gratitud, tanto de las cosas que ya tienes, como de aquello que deseas atraer a tu vida.

5. Espera. Existe un poco de confusión en este paso. No se refiere a esperar como cuando estás esperando el autobús en la estación. Sino a darlo por hecho.

   Cuando estás en un restaurante y le haces tu pedido al mesero, no te quedas preocupado pensando cosas como: ¿y si no me lo trae? ¿Y si me trae algo diferente a lo que pedí? ¿Vendrá por la puerta de la cocina o por la de atrás? Por supuesto que no, te quedas tranquilo dando por hecho que el mesero te traerá lo que ordenaste pues ya hiciste tu pedido. De la misma manera debes quedarte tranquilo y dar por hecho que tu deseo ya fue concedido.

Repite estos pasos todos los días.

¿Debo visualizar arduamente y soltarlo? ¿O utilizar la repetición constante hasta verlo manifestado? En mi opinión y experiencia, una combinación de las dos. Cuidarse más que nada del apego y cómo este frena la manifestación. El apego y la ansiedad son el reflejo de una falta de Fe, y, por lo tanto, que no estás vibrando en la frecuencia de aquello que deseas, sino en la falta de o en el miedo de que no se cumpla.

Suena contradictorio, pero el secreto radica en aceptarte sin aquello que deseas, aprender a ser feliz así sin ello, no sentir que lo necesitas, sin embargo, ten la certeza que esa versión de ti con aquello que deseas ya existe y es inevitable que se manifieste.

Tiempos de manifestación:

¿Cuánto tardará el cumplirse mi deseo?

Si te preguntas a menudo cuándo se manifestará, estás decretando que aún no se manifiesta, haciendo esa tu realidad.

Hay que entender que existe un rezago, tu experiencia actual no es el reflejo directo de tu vibración actual, sino de tus pensamientos y vibraciones pasadas. Y tus pensamientos y vibraciones de hoy forjarán tu mañana.

Cómo acelerar el proceso de manifestación:

Pasar un decreto o una creencia al subconsciente, puede tardar de 3 a 6 meses a través de la repetición constante. El subconsciente no distingue entre verdad y mentira y además sólo puede aceptar mas no rechazar, por lo que todo lo que logres pasar a tu subconsciente lo dará como hecho, cambiando tu vibración acorde. Así es, no es el consciente el que controla la vibración, primero, debes pasar tu nueva creencia al subconsciente para que vibres en la frecuencia de esa nueva creencia.

Muchos utilizan las afirmaciones para este proceso. Frases que repiten varias veces al día en presente que comunican haber alcanzado ya la meta deseada y lo hacen durante meses. Pero existen atajos a este proceso.

Una manera de acortar el tiempo requerido para pasar una nueva creencia a nuestro subconsciente es poniendo nuestra mente en estado Alfa mientras decimos las afirmaciones. En este estado, la programación es directa al subconsciente.

Esto se puede lograr a través de técnicas de relajación y meditación. Pero existe una ventana que puedes aprovechar sin mayor esfuerzo. Al momento de despertar cada mañana, nuestra mente aún está en estado Alfa y se mantiene así por unos 5 minutos. ¡Aprovecha este momento para visualizar y generar la emoción de aquello que deseas! Estarás pasando tu deseo directo al subconsciente.

También existen tecnologías para acelerar este proceso, como los audios binaurales que básicamente son un zumbido que, al escucharlo con audífonos, pone tu mente en estado Alfa. La aplicación para teléfono móvil "Manifest App" que mi socio Ezequiel Maggi y yo desarrollamos tiene esa finalidad. Te permite subir imágenes, escribirles afirmaciones y generar un video con un zumbido de fondo que pone tu mente en estado Alfa mientras ves las imágenes y lees las afirmaciones.

Anclajes:

Una técnica eficaz para generar una emoción y vibrar en esa frecuencia al instante son los anclajes. Existen varios tipos, yo hablaré de dos: Aroma y tacto.

Un anclaje es un detonador que te lleva mentalmente a un recuerdo, emoción y vibración al instante. Seguro que te ha pasado alguna vez que vas caminando por la calle y de pronto te llega algún olor que te sumerge en recuerdos de la infancia. Puede ser al pasar por una panadería, por ejemplo, te recuerde cuando tus padres te llevaban de niño(a) a comprar un pastelillo.

Estos anclajes se pueden lograr de manera deliberada. Puedes tomar tu esencia favorita o simplemente una que te agrade en perfume o aceite y olerla siempre que estás visualizando lo que deseas y generando la emoción de haberlo logrado ya, después de un tiempo, tu mente asociará ese aroma con ese estado mental y vibración, el de haber logrado tu sueño ya. Puedes cargar con esa esencia y estarla oliendo durante el día en el trabajo, etc. Para estar generando la emoción de haber logrado tu sueño constantemente, aunque no tengas tiempo de visualizar.

La técnica del tacto es muy útil para reemplazar emociones en un momento específico. Por ejemplo, puedes generar el hábito de presionar con dos dedos algún dedo de la mano opuesta, meñique, anular o el que deseas mientras recuerdas con mucho fervor alguna memoria de tu infancia donde te sentías seguro(a), protegido(a) y sin preocupación alguna. Con el tiempo, tu mente relacionará presionar ese dedo con esa sensación. Entonces, si en algún momento te encuentras en una situación de estrés, miedo, ansiedad o de baja vibración, puedes oprimir ese dedo y generar una emoción que te tranquiliza y eleva tu vibración ya que tu mente lo asocia con ese recuerdo agradable.

Recuerda que la preocupación es como una mecedora, te da algo que hacer, pero no te lleva a ningún lado. Cada que sientes estrés o preocupación, estás vibrando en la frecuencia incorrecta de aquello que deseas. Un refrán japonés popular dice: Si tiene solución, ¿para qué te preocupas? Y si no tiene solución, ¿para qué te preocupas?

Es importante evitar estos sentimientos. No estoy diciendo que seas irresponsable y no cumplas con tus compromisos, ya sean económicos o de cualquier tipo. Lo que aconsejo es evitar a toda costa la preocupación y enfocarse en generar la emoción de haberlo solucionado ya. Cierra los ojos unos segundos en este momento e imagina que esa situación que te ha mantenido tan estresado(a) YA se solucionó. ¿Cómo te sientes? Acabas de generar la vibración que atraerá su solución. Cuando ésta se presente, ¡toma acción!

¿Y cómo sabré que lo que deseo ya viene en camino?

Cualquier coach de la Ley de Atracción te puede decir que antes de lograr algo grande, las cosas suelen empeorar. Sé que suena un poco desalentador, pero es una muy buena señal. Quizá sea una prueba del Universo para ver si realmente lo deseas lo suficiente. En esta prueba es cuando la mayoría "avientan la toalla" y se dan por vencidos. Y es precisamente cuando debemos empujar más, ya que es una señal de que lo que pedimos ya viene en camino. Yo lo relaciono con la analogía de un Tsunami. Antes de la ola grande, primero se retira el mar. Es el indicador de que ya viene la ola que representa ese gran logro que estabas esperando. ¡No desistas!

La misma Rhonda Byrne se quedó sin dinero a poco tiempo de terminar el documental "El Secreto". Pero conociendo estos principios, tomó los últimos $400 dólares que le quedaban, salió a la calle y los repartió a personas necesitadas. Al día siguiente recibió una llamada de un amigo con quien no había hablado en un tiempo. Juntos habían comprado unas acciones de una empresa en la bolsa de valores y ella ya ni se acordaba. Ese día, habían incrementado muchísimo de valor. De inmediato las vendieron y con ese dinero terminó la película, la cual le atrajo inmensa abundancia.

Esto me recuerda a una entrevista que escuché de Neale Donald Walsch, el autor de la trilogía "Conversaciones con Dios" donde compartió que una vez le preguntó a Dios el secreto de la abundancia o bien, cómo podemos salir adelante sin una lucha constante para apenas conseguir suficiente para sobrevivir, quien le contestó "sé la fuente". Intrigado y sin entender, le pidió que le explicara el significado. La respuesta fue básicamente "toma lo poco que tienes de lo que crees que careces y dáselo a alguien que lo necesite más que tú, entonces Yo, no sólo tendré que proveer para ti, sino para otros A TRAVÉS de ti, y te convertirás en una fuente inagotable de aquello que creías te hacía falta.

Realmente sublime, y no sólo aplica en lo económico. Un ejemplo en otra área de la vida podría ser que, si te sientes sólo y con pocos amigos, visita algún asilo y conviértete en la compañía de algunos ancianos, al poco tiempo te harás amigo hasta de los empleados del lugar.

La Madre Teresa de Calcuta es otro claro ejemplo de este principio, ella se convirtió en la fuente de esperanza para muchos necesitados y manifestó millones de dólares para llevar a cabo sus misiones.

También hay que estar conscientes que una de las funciones del subconsciente es mantenernos a salvo, no le gustan los cambios, por lo que en ocasiones tendrás que hacer una labor de "autoengaño".

Me atrevo a decir que a todos nos ha sucedido que estamos emocionados de iniciar un proyecto nuevo, lo planeamos en la mente toda la tarde y al levantarnos temprano en la mañana siguiente listos para arrancar, nos detenemos con un pensamiento similar a "no, esto no va a funcionar" y nos damos por vencidos antes de comenzar. Tu subconsciente te enviará pensamientos de auto sabotaje siempre que intentes salirte de tu zona de confort. Ya que cada cambio implica un riesgo y te quiere proteger. Podrías fracasar financieramente, hacer el ridículo o incluso entrar en frustración si las cosas no salen como lo planeaste y tu subconsciente intentará protegerte. Albert Einstein dijo, "un barco siempre estará más a salvo en el muelle, pero no se construyó para eso". Todo gran logro implicará riesgos.

Pasitos de bebé:

Una manera de burlar al subconsciente es usando un método llamado "pasitos de bebé".

Diario hay algo que puedes hacer por más pequeño que sea, que te acerque un pasito más a tu sueño. Si quieres atraer una casa, por ejemplo, un día puedes simplemente ir a pedir informes de los requerimientos para un crédito hipotecario. Otro día puedes buscar entre tus familiares o contactos quién puede ser tu aval, etc. Cuando menos te des cuenta, ya irás a mitad del camino y como al Universo le encanta que tomes acción, comenzarás a encontrarte con las personas adecuadas y herramientas que te pueden ayudar a lograrlo. Recuerda que es importante durante todo este proceso generar constantemente le emoción de haberlo logrado ya para mantenerte en la vibración correcta de obtenerlo.

Muchas personas se acercan a la Ley de Atracción para resolver problemas económicos o para alcanzar la libertad financiera. Pero es importante también entender algunos conceptos financieros que en algunos casos han sido el secreto de los millonarios.

Los 3 secretos de los millonarios:

En una sociedad donde el éxito se mide con el dinero, perseguir sueños y no tener un empleo formal no es bien visto. Sin embargo, yo soy de la firme creencia que mientras un sueldo genera cierta estabilidad o seguridad, difícilmente genera riqueza. Porque tu ingreso está limitado a tu tiempo y el día sólo tiene 24 horas.

Desde mi punto de vista, si quieres generar riqueza debes emprender y aplicar estos 3 secretos, lo cual puede llevar años de esfuerzo y fracasos iniciales.

Pero antes de pasar a estos 3 secretos quiero tocar un tema sumamente importante. ¿Alguna vez te han estafado? ¿Te han vendido algo que no es del material que te dijeron, que no hace lo que te dijeron que hace o que no es de la calidad que te dijeron que era?

Es mi pensar que la mayoría de los dueños de negocios son honestos, sin embargo, la mayoría ponen un negocio para "ganar dinero". Quizá opines que es lógico, para eso se crean los negocios. Pero a nivel energético eso proviene del ego. Es decir, la mayoría tiene pensamientos como: "¿qué puedo hacer para ganar más dinero? ¿Qué puedo poner que se venda bien?" y realmente el único beneficio que buscan es el propio y de sus seres allegados.

Richard Branson, el fundador de la empresa "Virgin" dijo: "Si tu negocio no mejora la vida de los demás, no deberías tener un negocio".

Steve Jobs, uno de los fundadores de la empresa "Apple" no creó la computadora personal para generar millones de dólares, la creó para que la persona común pudiera tener una computadora en casa. No creó el iPhone para generarle millones de dólares a su empresa, quiso crear un teléfono que lo pudiera usar desde un joven hasta un anciano y que fuera confiable y funcional.

Ambos generaron fortunas, ya que el dinero es un RESULTADO, una consecuencia, mas no la finalidad principal.

Cuando cambiamos esa mentalidad de hacer las cosas para beneficiarnos nosotros y dejamos atrás el "yo", es un cambio a nivel energético muy poderoso. Cuida tu INTENCIÓN, esto es clave.

No busques qué puedes hacer para ganar más dinero, busca cómo puedes servir mejor, qué puedes hacer con tus habilidades y conocimientos para mejorar la vida de los demás y del planeta. Cuando tu intención sea de servir a los demás y mejorar sus vidas a través de tu negocio, comenzará a llegar el éxito. En parte porque cuidarás cada aspecto de lo que reciben tus clientes. Jamás les darás "gato por liebre" y tratarás de agregar valor, es decir, que reciban más de lo que te están dando ellos a cambio en dinero. Eso atrae abundancia.

Teniendo tu intención en el lugar correcto, es decir, que sea servir a tus clientes de la mejor manera, estos 3 secretos podrán multiplicar tus resultados:

1. El dinero es una herramienta, no una necesidad. He tenido la fortuna de haber trabajado alguna vez para un jefe millonario y algo que aprendí es que ellos perciben el dinero de una manera diferente. El dinero es para generar más dinero. Debes estar dispuesto a arriesgarlo e invertirlo y tal como lo mencioné anteriormente, el dinero es una consecuencia más que una finalidad.

2. Ingreso residual. Es generar dinero mientras tú haces otras cosas. Por ejemplo, tener tamales a consignación en la tiendita de la esquina cumple perfectamente con este modelo de negocio. Puedes estar tomando una siesta y si se vendieron 3 tamales ¡generaste dinero mientras dormías! Esto te da libertad de tiempo para emprender otros proyectos.

3. Múltiples entradas de dinero. Tal como lo dice el punto número dos, al tener libertad de tiempo vas emprendiendo otros proyectos, de manera que, cuando una fuente de ingresos se agota, tienes otras entradas de dinero para mantenerte a flote. Un empleo convencional puede servirte como una de esas entradas de dinero mientras comienzas, pero no te olvides de emprender.

Confucio dijo: "Si encuentras la manera de ganar dinero haciendo lo que amas, no tendrás que trabajar un solo día en tu vida".

Pero cuando los proyectos aún no generan dinero, las personas, y hasta algunas de ellas cercanas, te verán como un holgazán o un simple soñador. Lamentablemente encontrar la manera puede llevar tiempo, debes estar dispuesto a fracasar una y otra vez y de reinventarte cada vez. No es para todos, se requiere de resiliencia.

CONCLUSIONES:

¿Hay una inteligencia superior que coordina la Ley de Atracción? Una vez alguien me dijo "la Ley de Atracción es ciencia y no tiene nada que ver con Dios". Esa creencia no podría estar más lejos de la verdad. ¿Alguna vez has aventado las piezas de un rompecabezas sobre una mesa y observado cómo se arma solo? Por supuesto que no. Se necesita una inteligencia que acomode cada pieza. Detrás del telón de la Ley de Atracción se mueven recursos inimaginables para nosotros, indudablemente existe una inteligencia superior que lleva a cabo esa tremenda labor de logística tan precisa. Cada cabeza es un mundo, cada deseo es único y los recursos necesarios para el cumplimiento de cada deseo son a medida. De manera que adquieres práctica aplicando la Ley de Atracción y que incrementas tu fe, esa presencia Divina y conexión a la Fuente se hace mucho más evidente y cobra más sentido la frase Bíblica "y la verdad os hará libres". Los que no creen en esta fuerza creadora, están buscando las pruebas fuera de su interior.

Como dice el refrán: "Para el que cree... un milagro no es necesario, para el que no cree... un milagro no es suficiente". Mi labor no es convencer a nadie, sino compartir estos conocimientos y depende de ti ponerlos en práctica y a prueba si deseas encontrar tu verdad, que eres un co-creador.

Similar a como lo explica Aaron Doughty (YouTuber sobre el tema de la Ley de Atracción), si te encontraste con este libro y leíste estas palabras, es porque estás despertando. Ya que no puedes percibir aquello que no se encuentra dentro de tu rango de frecuencia vibratoria. Así que ¡felicitaciones! La verdad es que, en este momento, en este planeta, es el momento de despertar. Quizá has escuchado hablar recientemente sobre este "despertar" pero ¿de qué estamos despertando? Estamos despertando de la falsa creencia de la "separación", estamos despertando del impulso de vivir de un modo reactivo, es decir, a la defensiva, de creer ser el ego. Debemos entender que el ego es parte de nosotros, pero no es únicamente lo que somos. De eso se trata el despertar espiritual. Se trata de estar conscientes de que somos seres espirituales infinitos viviendo una experiencia humana temporal. Cuando llegas a esa comprensión, muchas de las cosas en las que te enfocabas en el pasado, incluyendo los problemas, comienzas a verlas de una manera distinta y te percatas de cómo te llevaron hacia el lugar donde te encuentras hoy y es algo muy empoderante, ya que te enseña una manera distinta de vivir y ser que va más allá de lo que creías posible.

Vibra en la frecuencia de aquello que deseas y evita sentimientos que te alejan de ello como el miedo.

Los conceptos y los pasos delineados en este libro te ayudarán a atraer experiencias específicas, pero no olvides que puedes atraer una vida maravillosa simplemente en piloto automático. Lo material sólo llenará algunos vacíos temporalmente. El verdadero secreto es SÉ FELIZ siempre, en tu situación actual, sea cual sea. ¿Alguna vez has estado buscando un lápiz o tu teléfono móvil como loco(a) y de pronto te das cuenta de que lo tienes en la mano? Algo similar sucede con la felicidad. Muchas personas pasan gran parte de su vida esperando que primero suceda algo para comenzar a ser feliz. Ganar más dinero, encontrar una pareja, subir de puesto, etc. Y no se dan cuenta que eso no va a suceder pues se encuentra en una frecuencia más arriba de la que ellos están vibrando. Debes ser feliz PRIMERO, por que sí, por decisión propia para vibrar en la felicidad y eso atraerá a tu vida seres, cosas, experiencias y situaciones que sustentan esa felicidad porque igual atrae a igual.

Otro sentimiento que atraerá cosas maravillosas a tu vida es por supuesto el AMOR. Ama todo y a todos.

Para ver resultados duraderos con *La Fórmula*, esto debe ser un estilo de vida, no una táctica a la que recurres sólo cuando necesitas algo. Conviértelo en un hábito, en parte de tu día a día, pero recuerda que la vida es un caleidoscopio, siempre cambiante, siempre transformándose, todo es temporal y todo se recicla. Fluye, lo que resistes persiste. Ante cualquier adversidad fluye y no te estreses, recuerda que todo es energía y tienes el poder de transformar la vibración de tu energía para atraer cosas maravillosas.

AGRADECIMIENTOS:

Infinitas gracias a Dios y a sus seres de Luz, a la vida misma, a mi Madre y a toda mi familia, a mi Padre que en paz descanse, a mis amigos, Lizeth García Medina, a Ezequiel Maggi y Clementine Magno, a Isa Janet Aguilar García, a todos mis maestros en forma de familiares, amistades, conocidos, desconocidos, mascotas y otros seres que de alguna manera contribuyeron a mi aprendizaje y crecimiento y a ti, por existir y por haber leído estas palabras ☺

¡Dios te bendice!

Redes sociales:

Facebook.com/librolaformula
Facebook.com/mikeigartua
Instagram.com/mikeigartua
Youtube.com/mikeigartua
Twitter.com/mikeigartua

Made in the USA
Coppell, TX
17 December 2021